Vente du Samedi 16 Mai 1874.

SALLE N° 1.

OBJETS D'ART

ET

D'AMEUBLEMENT

TAPISSERIES — ÉTOFFES — GUIPURES

TABLEAUX

EXPOSITION PUBLIQUE : Le Vendredi 15 Mai 1874.

Me CHARLES PILLET,
COMMISSAIRE-PRISEUR,
10, rue Grange-Batelière.

M. CHARLES MANNHEIM,
EXPERT,
7, rue Saint-Georges.

CATALOGUE

D'UNE JOLIE RÉUNION

D'OBJETS D'ART

ET

D'AMEUBLEMENT

Porcelaines de la Chine et du Japon; Faïences de Delft et autres;
Pendules et Flambeaux du temps de Louis XVI;
Lustres de style Louis XVI en bronze doré; Beaux Chenets en bronze;
Emaux de la Chine; Grandes Lanternes en fer; Beaux Meubles de salon
en tapisserie au petit point et autres en Tapisserie de Beauvais;
Belle chaise longue du temps de Louis XVI; Meubles en bois doré couverts en satin;
Grand Cabinet en bois d'ébène sculpté; Meubles en bois sculpté;
Belle Jardinière en bois sculpté de style Louis XIV;
Gaines en marbre; Etoffes et Guipures;

TROIS BELLES PORTIÈRES EN TAPISSERIES DES GOBELINS

TABLEAUX ANCIENS & MODERNES

DONT LA VENTE AURA LIEU

HOTEL DROUOT, SALLE N° 1,

Le Samedi 16 Mai 1874,

A DEUX HEURES.

Par le ministère de Me **CHARLES PILLET**, Commissaire-Priseur,
10, rue de la Grange-Batelière,

Assisté de **M. CHARLES MANNHEIM**, Expert, 7, rue Saint-Georges,

Chez lesquels se distribue le présent Catalogue.

EXPOSITION PUBLIQUE : Le Vendredi 15 Mai 1874,

DE UNE HEURE A CINQ HEURES

CONDITIONS DE LA VENTE

Elle sera faite au comptant.

Les adjudicataires payeront *cinq pour cent* en sus des enchères.

L'exposition mettant le public à même de se rendre compte de l'état des objets, il ne sera admis aucune réclamation une fois l'adjudication prononcée.

Paris. — Typ. PILLET fils aîné, rue des Grands-Augustins, 5.

DÉSIGNATION DES OBJETS

PORCELAINES

1 — Deux potiches à couvercles en ancienne porcelaine du Japon, décorées de fleurs et d'ornements en bleu, rouge et or. Elles sont montées sur des pieds de bronze et reposent sur des fûts de colonnes garnis de velours rouge.

2 — Joli vase en forme d'amphore, à deux anses têtes chimériques, en porcelaine de Chine émaillée blanc uni, et à arbustes gravés sous engobe. Pied en bois de fer.

3 — Plat rond en porcelaine moderne décoré à l'imitation du décor dit en émaux de la famille verte.

4 — Deux très-petits vases à décor en camaïeu bleu et à bouchons en argent repoussé.

5 — Deux jolis vases en forme de rouleau, en ancienne porcelaine de Chine, fond bleu-empois à médaillons de paysages en camaïeu bleu, et garnis d'une jolie monture de style Louis XVI en bronze ciselé et doré.

6 — Cabaret en ancienne porcelaine de l'Inde, à décor de fleurs et ornements finement émaillés en couleurs et rehaussé d'or.

7 — Porte-huilier avec burettes en porcelaine moderne de Saxe, décoré de médaillons de paysages.

BRONZES

8 — Jolie petite pendule du temps de Louis XVI en bronze ciselé et doré en forme de vase, à anses à enroulements.

9 — Autre petite pendule du temps de Louis XVI en bronze ciselé et doré, et marbre blanc en forme de lyre.

10 — Deux jolis flambeaux cassolettes, modèle à trépieds et enroulements en bronze ciselé et doré. — Époque Louis XVI.

11 — Deux jolies buires du temps de Louis XVI en marbre blanc, montées en bronze ciselé et doré au mat.

12 — Deux figures en bronze de style Louis XVI; Amour et jeune nymphe. Sur socles à gorges en bronze doré.

13 — Deux petits flambeaux de style Louis XVI en forme de vase à anses serpents.

14 — Grande et belle jardinière de style Louis XVI à trépied orné de têtes de lion et de guirlandes de lauriers ; le tout en bronze ciselé et doré. Socle en marbre rouge dit antique. Pièce d'un grand effet.

15 — Joli lustre de style Louis XVI en bronze ciselé et doré, à vingt branches porte-lumières, orné de festons de fleurs.

16 — Lustre pareil à celui qui précède.

17 — Vase en cuivre champlevé et émaillé à fond jaune et ornements en couleurs, garni de bronze finement ciselé et doré au mat. Socle en marbre vert de mer.

18 — Coupe ronde en marbre vert de mer garni d'une monture de style égyptien à figures de sphinx, têtes d'éléphants, etc., en cuivre doré et émaillé en couleurs.

19 — Coupe ronde et profonde en marbre blanc, taillé à godrons, et montée à trépied à cariatides en bronze ciselé et doré, et enrichie d'appliques en malachite.

20 — Deux jardinières avec plateaux ronds en cuivre champlevé, doré et émaillé de style oriental.

21 — Petite jardinière de forme cintrée en porcelaine, décorée d'un sujet de bacchanale et montée en bronze.

22 — Deux petits vases de style Louis XVI en porcelaine émaillée bleu turquoise à décor d'or et montés à anses en bronze ciselé et doré.

23 — Quatre bras-appliques de style Louis XVI en bronze ciselé à six lumières chacun.

24 — Deux girandoles en forme de pyramides garnies de cristaux, à dix lumières chacune.

25 — Petit lustre du temps de Louis XIV, à six lumières en bronze. Modèle rare.

26 — Quatre bras-appliques à une lumière, de mêmes travail et époque, ornés chacun d'un petit buste de femme.

27 — Deux grands et beaux chenets en bronze dans le style de la renaissance, à figures représentant la Paix et la Guerre debouts sur des vases supportés par des cariatides ailées, et reposant sur des enroulements en fer forgé.

28 — Deux chenets du temps de Louis XVI en bronze, modèle à cassolettes et galeries ornées de lauriers et ornements.

29 — Lustre en bronze formé de douze branches de lis.

30 — Deux bras de même style à six lumières chacun.

31 — Deux chenets de style Louis XV en bronze à ornements rocaille et figures d'enfants musiciens.

32 — Lanterne à main en cuivre jaune à ornements repercés à jour. Époque Louis XIII.

ÉMAUX CLOISONNÉS

33 — Deux jolies lampes en émail cloisonné de la Chine, en forme de rouleaux, décorées de fleurs sur fond bleu turquoise et garnies d'une monture en bronze de style chinois.

34 — Brûle-parfums de forme surbaissée reposant sur trois pieds bas, et à deux anses surélevées, en émail cloisonné de la Chine, décoré de fleurs arabesques sur fond bleu clair.

35 — Boîte de forme lenticulaire en émail cloisonné de la Chine, fond gros bleu rehaussé de fleurs et à médaillon de paysage. Monture à anses et pieds de style chinois en bronze doré.

36 — Plateau rond à bord droit en émail cloisonné de la Chine, décoré de fleurs, d'animaux et d'oiseaux sur fond grisâtre.

OBJETS VARIÉS

37 — Deux grandes et belles lanternes à pans en fer forgé, supportées par des tiges à branchages et feuillages re-

percés à jour et par des pieds composés de trois consoles à enroulements en fer forgé.

38 — Deux chenets en fer forgé à enroulements et chaînettes.

39 — Bassin de forme sphérique à couvercle en cuivre gravé et étamé, décoré d'ornements et de rosaces. Travail persan.

40 — Trois flambeaux persans à tige droite, à pans et à larges pieds ronds en cuivre jaune gravé à ornements.

41 — Petit vase en forme de mortier à couvercle en porphyre rouge oriental.

42 — Tableau russe à fond d'or, représentant diverses scènes tirées de l'histoire du Christ. Les figures des quatre évangélistes sont placées aux angles.

43 — Autre tableau russe représentant le Christ vu à mi-corps, la tête seule est visible ; le reste du tableau est exécuté en argent repoussé, doré en partie.

44-45 — Diverses pièces en verre de Bohême doré.

46 — Grand panneau de forme rectangulaire représentant la Flagellation. XVIe siècle.

47-48 — Dix tableaux représentant des détails de l'Alhambra de Grenade, exécutés en relief et rehaussés de couleurs et d'or. Dans des cadres en bois noir à filets d'or.

49 — Coupe ronde et profonde sur piédouche en faïence de Deruta, à décor à reflets métalliques à ornements et buste de femme : *Maria B.*

50 — Le Christ au tombeau. — Bronze florentin du XVIe siècle.

51 — Bouclier en cuir repoussé et gaufré du XVIe siècle.

52 — Coffret recouvert de parchemin et décoré de miniatures peintes en couleurs.

53 — Pistolet du temps de Louis XIV avec ornements ciselés sur acier.

54 — Deux belles et grandes boucles de soulier en strass, avec monture en argent et or.

55 — Belle garniture de vingt-huit boutons en strass montés à jour.

56 — Paire de boucles d'oreilles en strass.

57 — Marbre blanc. — Figure d'Antinoüs debout, sur fût de colonne en marbre rougeâtre.

58 — Coffret en velours rouge avec serrure en bronze doré. XVIe siècle.

59 — Pelote de velours rouge avec curieuse monture en argent du temps de Louis XIV.

60 — Garniture de vingt-trois boutons en strass.

61 — Garniture de douze boutons en strass sur fond opalisé.

62 — Garniture de vingt-un boutons en strass.

63 — Garniture de dix boutons en strass.

64 — Deux grandes et belles cariatides en bois sculpté, à têtes et pieds de chevaux.

65 — Cadre italien ancien en bois sculpté.

66 — Deux figurines en bronze : Cupidon-Mercure et Enfant endormi.

67 — Deux bustes en bronze florentin du XVe siècle.

MEUBLES — SIÉGES

68 — Beau meuble de salon en bois sculpté et doré couvert de tapisserie au petit point du temps de Louis XIV, à médaillons de personnages, sujets mythologiques et au-

tres, sur fond de soie blanche. Les bords sont décorés de fleurettes sur fond bleu clair. Il se compose d'un canapé, un écran, six fauteuils et deux tabourets de pied.

69 — Joli meuble de salon du temps de Louis XVI en bois sculpté et doré, couvert de tapisserie de Beauvais, à sujets tirés des fables de Lafontaine et à draperies rouges et fleurs. Il se compose d'un canapé, de huit fauteuils et de deux chaises.

70 — Un fauteuil et six chaises en bois sculpté et doré de style Louis XVI, et couverts en satin rouge uni capitonné. Travail très-soigné.

71 — Belle chaise longue en deux parties du temps de Louis XVI, en bois sculpté et doré, couverte de belle étoffe de soie à fleurs brochées sur fond blanc.

72 — Petite banquette de style Louis XVI en bois sculpté et doré, couverte de satin de Chine broché à fleurs et oiseaux sur fond jaune clair.

73 — Chaise de style Louis XVI en bois sculpté et doré, couverte d'une jolie broderie à fleurs et attributs en soies de couleurs sur fond bleu clair.

74 — Ecran en bois sculpté et doré de style Louis XVI, garni d'une tapisserie à fleurs. Le fond est vert d'eau clair.

75 — Petite chaise pliante à bambou doré, couverte d'étoffe de soie rouge à bandes brodées.

76 — Deux chaises de style Louis XVI en bois sculpté et doré, à dossiers carrés et médaillons ovales, couvertes en étoffes de soie à fond noir et à fleurs brochées en soies et or.

77 — Trois chaises en bois sculpté peint en noir et rehaussé d'or, couvertes de satin rouge.

78 — Deux chaises portugaises couvertes en cuir gaufré et garnies de clous à larges têtes en cuivre poli.

79 — Grande chaise Louis XIII à dossier carré, couverte de tapisserie au petit point à fleurs et ornements sur fond noir.

MEUBLES

80 — Meuble en bois sculpté exécuté sur des dessins de Ducerceau, à colonnes détachées reliées par des arceaux à plein cintre et à corps intérieur orné de figurines en ronde bosse et à porte décorée d'une figure de la Justice. Ce corps est également supporté par quatre colonnettes.

81 — Petit meuble flamand à tiroirs et à étagère en bois sculpté, orné de cariatides aux angles et garni d'ornements en cuivre.

82 — Très-belle commode du temps de la Régence en marqueterie de bois à fleurs, richement garnie d'ornements rocaille en bronze ciselé et doré et à dessus de marbre.

83 — Deux gaînes en marbre blanc sculpté à volutes, coquilles et draperies. Haut., 1 m. 20.

84 — Petite table-bureau à quatre pieds cintrés reliés par une tablette d'entre-jambes, en marqueterie de bois de rose et garnie d'ornements en bronze ciselé. Epoque Louis XV.

85 — Guéridon de style Louis XVI en bois sculpté et doré à trépied, têtes de béliers et à dessus de marbre griotte d'Italie.

86 — Très-belle jardinière de forme cintrée en bois sculpté, de style Louis XIV, ornée d'un mascaron tête de femme, de rinceaux et de guirlandes, et supportée par de beaux pieds carrés reliés par un entre-jambes orné d'un vase. Travail moderne remarquable.

87 — Boîte à musique en marqueterie de Boule avec mouvement à sonnerie.

88 — Armoire ou buffet dit bahut normand, en bois sculpté.

89-92 — Quelques petits meubles japonais en laque.

93 — Deux guéridons ronds en bois de noyer sculpté, sur pieds ornés de figurines d'enfants musiciens en ronde bosse.

94 — Petite table ovale sur pied à double colonne en bois de palissandre incrusté d'ivoire gravé à figures de nacre et de filets de cuivre.

95 — Table-toilette du temps de Louis XV en marqueterie de bois à fleurs.

96 — Petite toilette flamande en marqueterie de bois à fleurs.

97 — Modèle de norimon japonais en laque noir garni d'ornements de cuivre gravé.

98 — Joli petit socle-étagère en bois de fer sculpté.

99 — Ecran chinois en bois de fer sculpté, garni d'un médaillon rond brodé à fleurs et oiseaux en soies de couleurs.

100 — Petite commode de forme cintrée à trois tiroirs et portes en bois de rose, garnie de bronze et à dessus de marbre. Epoque Louis XVI.

101 — Table de nuit de forme ronde en marqueterie de bois à damier et garnie de quelques ornements de bronze. Epoque Louis XV.

102 — Petit paravent à quatre feuilles garni d'étoffe de soie chinoise à dessins violacés sur fond jaune d'or.

103 — Table garnie de toile écrue brodée en soie de couleurs et couverte d'un tapis à bandes bleues à dessins blancs.

104 — Très-grand meuble-cabinet à deux corps en bois d'ébène sculpté à figures et animaux. Le corps inférieur ferme à deux portes, qui offrent deux sujets principaux, qui sont : l'*Annonciation* et la *Crèche*. Le corps supérieur renferme des tiroirs, et le tabernacle, fermé par deux portes, est orné de figures en bois sculpté peint et doré. Les angles du meuble sont garnis de figures qui ont été rapportées. Époque Louis XIII.

105 — Deux petites consoles du temps de Louis XVI en bois sculpté et doré.

106 — Commode Louis XV en marqueterie de bois de rose à vase et fleurs, et à dessus de marbre.

107 — Grand coffre en velours rouge garni de franges.

TAPISSERIES

108 — Trois très-grandes et très-belles portières en tapisserie des Gobelins du temps de Louis XIV, représentant des sujets tirés de l'histoire romaine. Bordures

formées de riches ornements et de festons de fleurs. Très-belle conservation. — Haut., 5 m.; larg., 1 m. 88 cent.

109 — Grande tapisserie renaissance, représentant le Jugement dernier, avec riche bordure composée de médaillons renfermant des sujets mythologiques. Belle conservation. — Haut., 3 m. 50 cent. ; larg., 4 m. 80 cent.

110 — Suite de quatre tapisseries représentant des sujets tirés de l'histoire de Jupiter. L'une d'elle est encadrée d'une riche bordure à médaillons.

ÉTOFFES ET GUIPURES

110 *bis*.— Grand couvre-lit en toile richement brodé en soie rouge à large bordure. Travail italien du XVIe siècle. — Long., 2 m. 65; larg., 1 m. 50.

111 — Trois pièces pour coussins brodées en plein. Même travail.

112 — Large lambrequin en trois morceaux de même travail. — Long., 5 m. 30.

113 — Large lambrequin en deux morceaux de même travail. — Long., 2 m. 50.

114 — Lambrequin analogue en deux morceaux. — Long., 2 m. 50.

115 — Large bordure de même travail en trois morceaux. — Larg., 3 m. 50.

116 — Cinq pièces, bordures de dessins variés et de même travail.

117 — Belle garniture de table de toilette en guipure de Venise du XVIe siècle, à ornements en relief et avec retours d'angle.

118 — Jolie bande de guipure du XVIe siècle à dessins réguliers, d'environ 6 mètres de longueur. Belle conservation.

119 — Lot de dentelles et de guipures d'époques diverses et de bonne conservation. Ce lot sera divisé.

120 — Deux tapis de table, deux coussins et deux morceaux pour siége en application de soies sur fond de drap varié de nuances. Ce lot sera divisé.

121 — Petit morceau de soie brodée pour écran. Travail japonais.

122 — Belle pente du XVe siècle, fond or broché d'arabesques et de médaillons représentant la figure du Christ; avec frange assortie.

123 — Chasuble du XVe siècle en peluche verte très-richement brodée.

124 — Belle portière en brocatelle, bouton d'or et rouge, avec frange galonnée. — 2 m. 50 cent. carrés.

125 — Onze morceaux de velours de Gênes rouge.

126 — Deux mètres velours rouge de Gênes sur fond or. XVIe siècle.

127 — Deux coussins en velours rouge de Gênes, et deux morceaux pareils.

128 — Belle portière en damas de soie rouge avec frange. Époque Louis XIV. — Haut., 2 m. 55 cent.; larg., 2 mètres.

129 — Vingt-six mètres vingt cent. brocard vert. Chaque lé est surmonté d'une tête d'Amour.

130 — Deux chasubles avec huit accessoires, le tout en drap d'or.

TABLEAUX

131 — BRAKENBURG. — Scène d'intérieur; la diseuse de bonne aventure.

132 — CHARDIN. — Nature morte. Divers ustensiles de cuisine et des légumes sont posés sur une table de pierre.

133 — CHARPENTIER (A). — La Marchande d'oranges.

134 — ÉCOLE FRANÇAISE. — Sujet allégorique ayant trait à l'histoire de France sous Louis XIV. — Toile. Cadre en bois sculpté et doré.

135 — ÉCOLE FRANÇAISE. — Deux tableaux ovales. — Portraits de femmes vues à mi-corps, en costumes du temps de Louis XV.

136 — ÉCOLE FRANÇAISE. — Dessus de porte. Deux Amours tenant des guirlandes de fleurs s'échappent d'une lucarne ovale.

137 — FROMENTIN (Eug.), 1871. — Vue prise en Afrique. Des cavaliers se disposent à traverser un fleuve.

138 — HUET (Paul). — Décoration de salon composée de huit grands panneaux, paysages avec figures, sites de Normandie et autres.

139 — RESTOUT. — Les Adieux d'Hector et d'Andromaque; signé et daté 1727. Ce tableau a été gravé.

140 — SERRES (Antony). — Portrait de jeune femme vue de face; le sein droit en partie découvert.

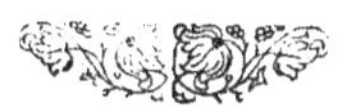

www.ingramcontent.com/pod-product-compliance
Lightning Source LLC
LaVergne TN
LVHW010015230826
846092LV00002B/821

* 9 7 8 2 3 2 9 5 0 5 5 5 8 *